25,550일

25,550일

박정란 네 번째 시집

권두시_25,550일

심지에 튕긴 불꽃
서서히 타들어 가고
일곱 가락
긴 기둥 속에 던져둔
젊은 날의 그림자

흐르는 눈물 가슴 녹이고
불꽃 속에 갇혀
잊혀가는 인생의 불꽃들

활활 타들어 가는 너의 몸
쓸어안을 수 없는 흐르는 눈물

동공조차
움직임 없이 태우고 있는
너와 나의 삶을
난 마주하고 있다

*25,550일: 세상에 태어나, 칠십 회 생일까지는 25,550일입니다. 살아온 세월을 불꽃 속에 갇혀 녹아내리는 초에 비유해 보았음.

2025. 깊어 가던 어느 가을날
시인 禮潭 박정란

차 례

권두시_25,550일/ 4

제1부 더 넓은 세상으로/ 13

숫자의 마력/ 15
한 장의 위력/ 16
동짓날 아침에/ 18
새해/ 20
바램/ 21
새해 첫날/ 22
세배/ 24
달 속에 지은 집/ 26
봄비/ 28
더 넓은 세상으로/ 30
진달래/ 32
봄의 길목에서/ 34
동백섬/ 35
식탁에 핀 봄/ 36

제2부 기억은 낮고 깊게 흐른다/ 37

하루/ 39
어머니의 숲/ 40
어머니 생각/ 42
노래는 죄가 아니다/ 44
기억은 낮고 깊게 흐른다/ 46
누구의 작품/ 48
여름밤의 그리운 사람/ 50
밤 소동/ 52
여행을 마치고/ 53
고요 속의 메아리/ 54
유효기간/ 56
삶의 무게/ 58
오늘/ 60

제3부 가슴에 이는 바람/ 61

찻잔 속의 나/ 63
내 마음은/ 64
멀어져 가는 구름/ 66
곡선의 비밀/ 68
그대 있음에/ 70
그대 품으로/ 71
나는 혼자/ 72
물리치료실에서/ 74
거꾸로 돌지 않는 너/ 76
마음/ 77
난 또다시 혼자다/ 78
퇴근길/ 80
초대장/ 81
가슴에 이는 바람/ 82

제4부 열두 기다림/ 83

첫 번째 기다림/ 85
두 번째 기다림/ 86
세 번째 기다림/ 88
네 번째 기다림/ 90
다섯 번째 기다림/ 92
여섯 번째 기다림/ 93
일곱 번째 기다림/ 94
여덟 번째 하얀 기다림/ 96
아홉 번째 이별의 기다림/ 98
열 번째 기다림/ 100
열한 번째 기다림/ 101
열두 번째 기다림/ 102
기다림 속에 그리움/ 103
그대를 기다리며/ 104

제5부 **파도가 쉬어간 작약도**/ 105

내 사랑아/ 107
등불 밝혀 들고/ 108
파도가 쉬어간 작약도/ 110
명품/ 112
길/ 114
선물/ 116
멈춰버린 시간/ 118
날개 달린 노래방/ 119
바람개비 가족/ 120
소중한 하루/ 122
그 여름날 나의 엄마/ 124
나누지 않는 존재/ 126

제6부 가만히 귀를 열어본다/ 127

비틀거리는 이름들/ 129
바닷물보다 짠 간장의 눈물/ 130
사다리와 아이들/ 132
누렁이 생일날/ 134
야윈 마음/ 136
돌계단 위에 남자/ 138
쓴맛 단맛/ 140
가을/ 141
오솔길/ 142
가만히 귀를 열어본다/ 144
가을 끝에서/ 146
이 가을이 가면/ 148
간월도 사랑/ 150
후지산의 유혹/ 152
사랑의 주님/ 154

에필로그/ 156

제1부 더 넓은 세상으로

숫자의 마력
한 장의 위력
동짓날 아침에
새해
바램
새해 첫날
세배
달 속에 지은 집
봄비
더 넓은 세상으로
진달래
봄의 길목에서
동백섬
식탁에 핀 봄

숫자의 마력

책상 위
달력 속
까만 숫자 아래
행사 하나가 아는 체
웃는다

하루쯤 쉬자 해도
내일을 앞세운 손길이
어김없이 찾아온다

어제를
종이배에 실어
강물에 띄워 보내고

내일을 기다리는
까만 글씨 하나
뭐가 그리 좋은지 웃는다

한 장의 위력

열두 장 중
마지막 장만 남기고
칼바람은 옷깃을 스친다

가지 끝에 달린
마지막 잎새
조용히 땅으로 내려앉을 때

눈부시게 달려온
열한 달의 시간
그 뒤에 남겨진
쓸쓸한 그림자와 찌꺼기들
훌쩍 떠나는 세월을
어디에 담아 둘 수 있을까

11월도 잘 보내고
12월 문턱에 선
이 2024년이
내 곁을 떠나기 전
세상 한 바퀴
둘러보고 싶다

평생 단 한 번뿐인
이 멋진 마지막 달
남은 날들
어떻게 아름답게 채워야 할까

동짓날 아침에

하루가 가고
한 해도 저물고
새해는 어김없이 밀려오는데
언제나 연초에 세운 계획은
강산이 수십 번 바뀌어도
변함없이 기대 속에 머문다

지나간 세월처럼
을씨년스러운 바람은
등에 업혀 따라오고
춥다는 말은
입꼬리에 매달려
끊임없이 흘러나온다

매서운 바람 속
햇살은
피멍 든 손가락 틈새로
조심스레 스며들고
꽁꽁 언 우물가
걸터앉은 두레박줄은
동태처럼 얼어붙고

입김으로도 떨어지지 않는
고드름 된 콧물 하나
닭살 돋은 알몸
겹겹이 껴입은 옷 속
어느새 추위는 누그러지고

가끔 추위에 맞설 땐
문득 추억 속으로
걸어 들어가 본다

차곡차곡 쌓인 아파트
온실 속 같은 지금의 삶

그런데도
가슴 언저리에
싸늘한 바람 이는 것은

세월의 흔적이
아직도
남아 있어서일까

새해

희망의 북소리
둥둥 울린다

날아올라라
하늘 높이
백두에서 한라까지

소망의 메아리
멀리멀리 번져가고

가슴 깊은 곳
기다리던 그 하나
샘물처럼 솟구친다

우리 모두
꿈과 희망을
두 팔 벌려
뜨겁게 맞이하자

바램

살다 보니
매일이 새날이라지만
어제를 지워야 오늘이 오고
오늘을 감내해야 내일이 온다

그 속에서
우리는 무엇을 바라는가

숱한 숫자들 틈에서
무엇부터 내려놔야 할까

하루를 버려야 하는지
삼십 일을 버려야 할지
아니다, 어쩌면
삼백육십오일 통째로 털어내야
비로소 또 다른 날이
우리를 맞아주겠지
기대해 보자 다시 시작되는
첫날을…

새해 첫날

목이 조이고
허리에 묶인 채 끌려온
지난날
풀어 놓을 틈 없이
떠나고 없다

신비 속에 가려진
숨차게 달려온
또 다른 해

가슴앓이로 응고된 눈가
액체가 되어 비수처럼
가슴을 후벼댄다

어디서부터 잘못된 것일까
무엇부터 내려놔야 할까

검게 타들어 간
나만의 세상
아무도 모르는 섭섭함이
숯검댕이 되어
주변을 맴돈다

나이 들었다는 증거일까
속이 시끄럽기만 하다

세배

아랫목에 다소곳이 앉은
절과 맞바꿀
어머니의 쌈짓돈

입 벌린 복주머니
그 속에 복을 가득
채우고픈
문지방 넘는 욕심은
태풍 되어 달아나고

떠나간 애송이 세배꾼
앉았던 자리
복이 수북이 빠져 있다

어느덧
세월은 물처럼 흘러

어머니 앉은 그 자리에
이제는
구김 없는 절값을
기다리는
내가 있었다

달 속에 지은 집

바람 따라 춤추는
삼송 나무 위
한 층, 한 층 쌓은
작은 집 하나
그 안에
방 하나 더 들이고

깍깍깍
까치 떠드는 소리

소란스러운 저 집 아이들
오늘 밤
달과 별 손잡고
놀러 와
세뱃돈 달라고 할까

유난히 밝은
섣달 그믐밤

왠지 작게만 보이는
노란 달

올 한 해
낮은 자세로 살라는
뜻인가 보다

봄비

물안개 피어나는
고속도로 위
그 길을 달리는 내가 있고
뒤따라오는 또 다른
물안개

희뿌연 하늘 아래
흐릿하게 다가오는
부모님 계신 동네

"왔느냐" 묻지도 않고
"잘 가라" 배웅도 없는
그 야속함 속에서

눈 한번 질끈 감고
먼 길을 달려온 집엔
귀염둥이 손자 셋이
와락 내 품으로 달려든다

눈가가 붉게 물든 큰 손자
입꼬리 살짝 올라선 둘째 손자
"보고 싶었어!"
비명 지르며 안기는 막내 손자

나에겐
이 귀여움이
가슴 깊이 파고드는
행복에 젖는
여행의 종착지

더 넓은 세상으로

작년 봄
그 봄이 또 왔어

담 밑에
멍석 펴고 앉은
노란 민들레

흰 우산 꼭지 달고
멀리 날고 싶다더니
겨우 몇 뼘밖에 못 갔구나

담장 밑에
다리 뻗고
혹독한 겨울
잘 견뎌냈어

민들레야
너와 난
닮은 데가 많아

나도 너처럼
넓은 세상으로
나가고 싶었지만

보이지 않는 끈에 매여
창공을 날지 못했지

그런데 말이지
이제는 정말
여기를 떠날 거야

오늘 밤
밤바람에게
너와 나
둘 만
멀리 데려다 달라 하자

더 넓은 세상으로

*詩聖 한하운 문학 2017. 04, 30 등단작으로 나를 세상으로 나오게 했던 작품입니다.

진달래

꽃 진다고
서러워 마라
언젠가 나도
떠나야 할 시간 있으니

엄마 주머니 속
작은 씨앗 하나

가지 끝에 맺힌
열 개의 꽃봉오리

한 생명이 피어난다는 건
집안의 경사라 하지만

화사한 세상 속
꽃잎 되어 피어나
그 속에 스며든 벌과 나비
날개바람 일으킬 때

시작과 끝이 맞닿은
그 찰나를 바라보며

이 생명은
정녕 축하받을 일인가
문득, 생각하게 된다

봄의 길목에서

기지개 켜는 봄바람
흐느적이는 나뭇가지 사이로
스며든다

움트는 낯익은 소리
귓가에 맴돌고

눈 감고
귀 열면
저 깊은 곳에서
갈망하던
싱그러움의 향연

저만치
미지의 세계로부터
푸른 꿈 하나가 달려온다

동백섬

너는 지금
가슴앓이하고 있구나

누구를 위해
그토록 타오르고 있는지

유명세 뒤에 숨어
붉은 꽃잎 속에 묻혀

노랗게 타 들어가는 것이
내 마음을
닮았구나

식탁에 핀 봄

아침에 눈 뜨면 울타리 넘어
노란 개나리 웃음으로 반기고
밤이면 별들이 놀러와
꽃들과 나누는 수런거림이
귓가에 스민다

눈에 넣어도 아프지 않을 손자 셋
식탁에 옹기종기 모여 앉아
오물오물 씹는 소리
이보다 더 고운 소리
세상에 또 어디 있을까

그 소리에
하루의 피로가 풀리고
그 웃음에 힘든 세월을 위로 받는다

시를 쓰는 시간도,
잊힌 줄 알았던 기억도,
모두 다 소소한 기쁨은
여전히 나를 불러 세워 삶을 지켜준다

제2부 기억은 낮고 깊게 흐른다

하루
어머니의 숲
어머니 생각
노래는 죄가 아니다
기억은 낮고 깊게 흐른다
누구의 작품
여름밤 그리운 사람
밤 속의 소동
여행을 마치고
고요 속의 메아리
유효기간
삶의 무게
오늘

하루

서랍 속
깊숙이 접어 두었던
하루를 꺼낸다

이런저런 자질구레한 일들
시시콜콜 얽매였던
하루가 달아난다

한 바퀴
몸을 감싼
넓고도 좁은 세상
숨소리마저 사라진다
적막한 집안

그 안에서
잠든 하루가
조용히 주인을 기다린다

어머니의 숲

봄이 오는
길목에 서면
메아리처럼 들려오는
어머니 목소리

오늘처럼
흐린 오늘이 있기에
동산에 꽃이 피는가 봐요

소나무 숲, 잣나무 숲
애잔한 뻐꾸기 울음은
바람에 실려
귓불에 머물고

유난히
그리움으로 가득 찬
이 봄에도
여운 남긴 울음을
또 울겠지요

詩作노트/ 늘 그 자리에서 우리를 지켜주던 부모님 생각을 하며…

어머니 생각

이른 새벽
찬물에 밥 말아
그릇 채 들이키시곤 씹지도 못한 채
겹겹이 껴입은 옷
장화 속 양말은 한 보따리
작은 체구는
갯벌을 힘겹게 걷고

바다에서 돌아오실 땐
허리띠 졸라매어 고픈 배
조용히 끌어안고
고갯마루에 앉아
마을을 내려다보셨다는
어머니

어머니 계신 언덕을 올려다보면
지금도 우리를 보고
계시는 것 같아요

그립고
보고 싶고
언제쯤 또 만날 수 있을까요

노래는 죄가 아니다

벚꽃잎 흩날리던 날
낡은 리어카 주인의
우렁찬 목소리
넓은 자리 마련한 폐지 위로
한가득 실려 가는
싱그러운 동요는
고장 난 레코드판 위에서
쉼 없이 춤춘다

졸음에 겨운 봄볕은
모른 체 끄덕끄덕 졸고
구치소 앞 도로
질주하는 리어카 주인
싱그러운 봄바람 타고
죄수들 귓속 파고드는
자유를 만끽하는 소리
오늘도 목청 높인 동요
퐁퐁퐁 솟는 옹달샘은
미끄러져 간다

기억은 낮고 깊게 흐른다

봄의 끝자락에 서서
너의 이름을
허공에 불러보고 싶어

이제는
'오늘'이라는 말조차
무의미해져 가는 사월

햇살도
바람도
의미도 잃고

어쩌면 좋을까
너에게
단 한 번만이라도
기대어 숨을 고를 수
있다면

계절이 지나가도
내 그리움은
여전히
너에게 머물고 싶어
봄아!

누구의 작품

고막을 괴롭히는 듀엣
엊저녁 선술집 주모 몰래
모주 한 바가지 훔쳐 마셨나

째지는 울대 소리
아직도 취기가 가시지 않았는지
나란히 걸터앉은
또 한 녀석
장단 맞춘다

드르 르르륵
다섯 손가락은
방충망에 피아노 연주한다

놀란 청춘의 흔적들
줄행랑치듯 흩어지는
깊어가는 여름밤
매미는
짝 찾기 한창이다

여름밤 그리운 사람

좀처럼
수그러들 줄 모르는
한낮의 더위

님 그리움에
잠은 달아나고
서늘한 기운 스며드는
여름밤

지난 추억은
바람결에 흩날려 보내고
길목에 서서
새로운 삶이 다가온다면
목덜미 낚아채어
내 것으로 삼고 싶다

삶에 지친 모든 것이
희망이길 바라는
오늘

지켜보자
모든 것
모두 다

오늘 밤은
헛된 고민인 줄
알면서도…

밤 소동

밤새 삼켜버릴 듯
으르렁대는 천둥과 번개
공포로 얼어붙은
야영장의 깊은 밤

무엇이 그리 서러운지
부서질 듯 텐트 위로
굵고 작은 눈물 흘리고

경쾌한 하모니
빗소리와 어우러진
내 마음 두드리는
이 밤의 멋진 울림
우중캠프

여행을 마치고

멀고 먼 길
잠시 되어
숨 가쁘게 돌아서
제자리로 돌아온다

아무 일 없었던 듯
쳇바퀴 돌 듯
익숙한 일상에
다시 빠진다

즐거움도
괴로움도
저만치 추억 속에
묻어놓고

'다음에 또'라는
기약 없는 다짐을 품은 채
오늘도 내일 위해
소소한 행복함에 젖어 본다

고요 속의 메아리

어미 잃고
홀로 우는
논두렁 송아지

음메 음메 목 놓아 불러도
돌아오는 건
대답 없는 메아리

산새 지저귐에
묻혀버린
고요한 숲

엄마 잃은 둥지는
앙상한 가지 끝에
외로이 매달리고

고아가 된
아가 새와 송아지
그리움에 젖은
애달픈 울음

앞산에 부딪처
되돌아 달려온다

유효기간

성에 낀 유리창
입김으로 단꿈을
불어넣는다

꽃그림은 녹아내리고
퍼즐 조각 하나 둘
흩어진다

낡은 대들보
보조기라도 달아야 할까
바람에 서까래도 덜컥인다

늦은 수선이지만
대장장이 목수를
찾아가야겠다

겹겹이 낀 안개
눈엔 백내장 번지고
달팽이관마저 녹슬어간다

사고의 흔적으로
절룩이는 다리
마음속 상처가 되어 돌아오고

유효기간은 다가오는데
모든 걸 다 지우고
젊음을 되돌려 받을 수 있다면
나는 무엇부터
시작해야 할까

삶의 무게

고달프다고
힘들다고
괴롭다고
아프다고
귀찮다고

부모님은
왜 날 세상 밖에
내놓았을까

과연 내가
할 일이 많다는
뜻이었을까

투정 부린다 해도
나이 들고 보니
모든 걸 감수해야 하는
이 고단함

누가 날 구해줄까

돌아보니
나의 십자가는
이렇게 무겁게 느껴져
내려놓고 싶어지는 것인지

돌이켜 보면
아무것도 아닌
삶의 무게

詩作노트/ 말하지 못할 원망도 살아 있음의 전쟁이
아닐까.

오늘

하루 속에서
상처받은 가슴 부여안고
오늘이란 단어를
지워버리고 싶다

누가 말했을까
삶은 기쁘다고…

그러나 난
완벽한 혼자다

새로운 날은
언제 스쳐 지나갔는지
다시는
지나가지 않도록
오늘에
가둬 놓아야겠다

제3부 **가슴에 이는 바람**

찻잔 속의 나
내 마음은
멀어져 가는 구름
곡선의 비밀
그대 있음에
그대 품으로
나는 혼자
물리치료실에서
거꾸로 돌지 않는 너
마음
난 또 다시 혼자다
퇴근길
초대장
가슴에 이는 바람

찻잔 속의 나

찻잔 속은 요지경
알록달록 마른 잎 피우고
후후 불어
한 모금

깊은 생각
향기에 취해
한 모금

스쳐 지나간
옛 친구 그리워
다시 한 모금

왼손에 살며시 쥔 잔
오른손 맞잡은
동그란 찻잔 속엔
내 얼굴이 담겨 있구나

내 마음은

그대가
밤하늘이라면
나는
그 하늘을 비추는
달이 되고 싶습니다

그대가
호롱불이라면
나는
그 불빛에 드리워진
긴 그림자가 되고 싶습니다

그대가
가슴에 시린 차가운 바람이라면
나는
그 바람을 막아줄
따뜻한 마음이 되고 싶습니다

그대가
버드나무라면
나는
바람에도 꺾이지 않는
가지가 되고 싶습니다

멀어져 가는 구름

꿈이었을까
생각이었을까
마음속에 담아둔
보물 상자
이제 열어도 될까

아니지,
아직은...
세월이 더 흐른 뒤
그대 마음 몰래
훔쳐 올 때

그때
열어야 할지도 모르지

그리 많고 많은 시간이
결코 남아 있는 것도
아닌데

바람에
새털 날리듯
가볍게 흘러가는 것이
아쉽기만 하다

자꾸 달아나는
저 구름처럼
오늘도 나에게서
또 멀어져 가는 보물 상자

곡선의 비밀

어찌할꼬
어찌할꼬

요다지도 곱디고운 널
눈 속에 가둬두고 싶건만

냉큼 따서
꽁꽁 얼리고

그것도 모자라
펄펄 끓는 물 붓고
오그라든 너의 가슴 헤치려
달려드는 노란 눈동자

눈으로 먹고
향기로 마시고
입으로 음미하며

너의 펼쳐진 잎
이다지도 찬란한데
어찌 반하지 않을꼬

심청이가 인당수에 몸을
던질 때
치마폭이 넓어서였을까
물결마저 품어낸 그 곡선
너 또한 닮았구나

허나
이토록 열린 꽃 속에도
끝내 닿지 못할 네 마음
그건 누구도 알 수
없으니……

그대 있음에

오늘이 가면
내일이 오고
그 내일이 가면
또 다른 내일이
다가오겠지요

함께 걸어온 사랑의 시간

지나온 과거 보다
다가올 미래가
더 아름다운 것을

활짝 핀 장미처럼
다정한 미소

선물 받은
행복의 오늘
함께 만들어 가면
어떨까요

그대 품으로

또 다른 밤이
어둠 속으로
슬금슬금 다가온다

창가에 기대앉은
희미한 기억들을
하나둘 꺼내본다

달빛 아래
내 마음속엔
웃음과 기쁨이
여전히 그 자리에 머물고

아직 잠들지 않은
조용한 이 밤
내 곁에 머무는
그리움도 사랑도
또 하루의 여정을
끝맺음하려 한다

나는 혼자

모두 떠난
텅 빈 공간

남은 건
나와 나의 그림자뿐

거실 바닥엔
난쟁이 따로 없다

뒤엉킨 오색 장난감
자동차 경적 소리만 가득하고

작은 틈도 양보 없는
손자의 분신들

지금부터 나는
교통경찰이 되어
주차 딱지도 부치고
벌금 통지서도
발급해야지

차고지에 두서없이
차곡차곡 몇 시간
주차 시켜 놔야겠다

물리치료실에서

오랜 세월 속
부속품 교체 요구하는 대들보

불량품이 많아지는 요즘
최고만 고집하며
수리 센터로 달려가지만
그건 오래 방치한 시간의 결과물

대들보 고치느라
분주한 대장장이
정성스러운 따스한 손
치료 삼매경에 빠진다

꾹꾹 눌러 주물럭주물럭
묵직한 안마기는 온몸을 더듬다가
시침 뚝 떼고는 제자리로 돌아간다

다음 코스는
물침대에 몸을 눕히러
자리 이동하고 머리부터 발끝까지
오르락내리락 두루 훑으며
시원함이 감돌 즈음 제멋대로 밖으로 내몬다

아쉬움을 남긴 채
대형 TV 앞 대기실 한자리에
나의 몸 의탁하고
앵커들은 모두
입만 벙긋벙긋 벙어리다

세종대왕이 만든 한글은
화면 왼쪽에서 오른쪽으로
연신 달아난다
가자미가 된 눈은 자막 뒤쫓기 바쁘다

수리소 밖 하늘에선
하얀 꽃송이가
팝콘처럼 팡팡 터지고
행인들 머리 위
다소곳이 내려앉아 속삭인다

"미끄러우니 조심하세요"

거꾸로 돌지 않는 너

작은 동그라미 하나
그 속에 열두 개의 숫자가
나를 내려다보고 있다

납작한 크고 작은 막대기 세 개는
바쁘게 달음질치며
되돌아오지 않는
하루에 두 번 만나
서로를 확인하지만
이내 헤어지고

며칠째 너를 바라보는 내내
미소도, 윙크도
건넬 줄 모르고
눈길조차 주지 않는
달리기만 하는 너

너와 함께 달려가면
종착지를 알 수 있을까
때론 잠시
쉬어가도 좋으련만…

마음

난 또 집을 나섰다
갈 곳이야 정해져
있다지만
마음이 그리 경쾌하지만은 않다

살다 보니
괴로움이
파도처럼 밀려든다

오늘 같은 날
가족의 소중함을
알지 못하는 손자

갈피를 잡을 수 없는
이 마음
어찌해야 할지

난 또다시 혼자다

옆 침상
꿈꾸듯 깊은 잠에 잠겨 있는
인형 같은 여인

사흘 밤낮을
마주했던
동지라고 해야 할까

날이 밝기도 전에
자리 털고 일어나
떠날 채비한다

통증의 원인조차
찾지 못한 채
떠나야만 하는
비참함

한시도 더 머물기 싫은
지옥 같은 곳이었겠지

가방 속 외로움을
조심스레 챙겨
돌아서던
여인의 뒷모습 쓸쓸함이
눈 속에 파장처럼 번지고

소리 없이 잦아든
여운만 남긴 채
사라진 빈자리
자꾸만
눈에 밟힌다

퇴근길

환승장 귀퉁이에 서서
오늘도 막차를 기다린다

핏기 없는 가로등 불빛이
내 어깨 위에
쪼그리고 앉아
졸음 한 줌 달랜다

기다렸던 막차
평행선에 진동이
숨차게 달려온다

열린 문틈으로
지친 인생 끌어안고
종착지를 향해
오늘도 묵묵히 달려간다

초대장

창 너머
둥근 보름달과
밤새 놀던
몽글한 산봉우리

그 봉우리
쓰다듬는 아침 햇살

봄 마실 초대장 띄우고
여기저기
마실 다니기 바쁘다

가슴에 이는 바람

흐르는 강물에
나의 모습 담그고

뜬구름 위에 그려놓은
희망의 조각들

바람이 분다
흩어져 버린 희망은
소리 없이 멀어지고

썩은 동아줄에 묶인 세월
앞만 보고 흘러가는데

거울 속에 비친
눈에 들어오는
낯선 모습 하나
애달픔만이
세월 속에 묻는다

제4부 **열두 기다림**

첫 번째 기다림
두 번째 기다림
세 번째 기다림
네 번째 기다림
다섯 번째 기다림
여섯 번째 기다림
일곱 번째 기다림
여덟 번째 하얀 기다림
아홉 번째 이별의 기다림
열 번째 기다림
열한 번째 기다림
열두 번째 기다림
기다림 속에 그리움
그대를 기다리며

첫 번째 기다림

끝없는 날갯짓
무엇을 부르고 있는지

그리움은
그리움에 몸부림치는
그대 향한 몸짓인가

푸른 물결 위에
풀어놓은
사랑의 세레나데

춤추는
갈매기의 울음소리
수평선 너머
울려 퍼진다

두 번째 기다림

가슴 터질 듯 부푼 햇살
메아리 되어 길게 눕는
아침

하얀 날갯짓에
내 마음은 하늘에 떠 있고

닻도 없는 종이배에
하루를 실어
보낸다

세 번째 기다림

나 여기 있소
성미 급한 사람
같으니라고
어차피 떠날 거면서
개미 눈곱만큼만 더
기다려주지 않고

전철이 도망친
쓸쓸한 플랫폼
이런저런 사연들은
또다시 모여든다

두 주먹 속에 가두어 둔
세월을 쥔 노신사
철로 위에 묶인 눈동자
좀처럼 떼지 못한다

치맛자락 펄럭이는
멋쟁이 숙녀
지루박인지 탱고인지
연신 구두 뒤축 낮추기
바쁘다

그러나 떠난 전철은
급한 마음 아는지
모르는지
돌아올 줄 모른다

네 번째 기다림

우정은 돌고 돌아
한잔 술이 되어

질퍽이는 초침에
가던 길 멈추니

달빛에 취해
별빛에 취해
어지러움 느낄 때

친구와 함께했던
그 자리 망부석이 되어
하염없이 기다려 보리라

다섯 번째 기다림

가슴속 깊은 곳에
행복의 점 하나 찍어두고
삶이 힘들고 지칠 때
꺼내 보고 싶다

난 그 점 속에 빠져들어
꽃 피고 열매 맺는
행복한 삶 속에 풍덩 빠진
사랑을 꿈꾼다

여섯 번째 기다림

달밤에 마실 나온
임자 없는 그림자
누가 잃어버렸을까

달빛에 잠긴 하얀 밤
누굴 기다리는지

창가에 기대선
너의 모습
바람에 실려
멀어져 가는구나

일곱 번째 기다림

달 밝은
강둑에 앉아
행여,
님 오실 길 잊힐라
별빛 따다 호롱불 잇고

내 마음에
뜬 달은
가랑잎
기침 소리에
산산이 흩어지는구나

여덟 번째 하얀 기다림

하얀 눈 위에
하얀 마음 심어 놓고
하얀 밤 지새워

하얀 날개 펴는 날
하얀 가슴 터질 듯 부푼
하얀 희망의 외침

하얀 메아리도

하얗게 달려오겠지

아홉 번째 이별의 기다림

어제 그리고 내일

흐르는 세월 소리 들리는

오늘은
소리 없이 멀어져 간다

친구야
네가 떠난 후
오늘이 어제 같고
너의 빈자리 채움은
멀리서 손 흔들어준다 해도
설레는 마음 둘러보아도
묶어 둘 곳이 없구나

금쪽같은 시간은
기다려 주지 않는데
꿈같은 세월
난 뭘 하고 있었는지

어제와도 이별
오늘과도 이별
또 다른 내일과도
이별하겠지

열 번째 기다림

멈춤 없이 흘러가는
발아래 내려놓은 뜬구름
인생의 표시
또 한 줄 그어야 하나

새털처럼 많은 세월
지나간 시간보다

남은 시간이 더 짧게
느껴지는 건
왜일까

갈바람 앞에
무릎 꿇은 퇴색된 누런 잎
떨어질 그날을 기다리는
긴긴 세월이
여기 줄줄이 서 있구나

열한 번째 기다림

안개 띠 두른 치악산
파릇한 봄 향기 자랑하던
푸르른 여름
그 여름이 단장한 가을

빗속에 움트는
산속의 운치

바람 한 점 없는 숲을
헤치고
몰려가는 비구름

내년을 기약하며
나뭇잎 끝에 걸터앉은
고독이 마중 나오겠지

너의 품안에 안기고 싶은
또 다른 사랑하고픈
기다리는 내 마음이
여기 있어

열두 번째 기다림

밤새
뒤척이는
바보 같은 나

그립도록
그리운 밤이 지나면
또 다른
내일의 기다림이
기다리고

별빛에 잠든
고운 이 밤
그대의 꿈속으로
몰래 숨어 들어가

행복의
꿈나라 여행 함께 떠난다

기다림 속에 그리움

이 밤이 가기 전에
둥근 달 속에
그대 얼굴 그리고

입맞춤으로
귓가에 머무는
그대 숨결

타오르는 온몸의 전율
어찌 달랠 수 있을까
가슴이 뛰고 있다

오늘 밤
그대 곁에 누워
잠들고 싶음은
왜 이리 깊이 스며드는지

별처럼 먼 하늘 아래
기다림 속에
그림자도 함께
기다리고 있으니

그대를 기다리며

지난날
조개 바구니에 꾹꾹 눌러 담은
영원했던 사랑
꿈처럼 잊혀져 사라진
갯벌 위 외로움

갯벌이 땅이 되고
그리움 쌓이듯
늘어나는 빌딩 숲

기다리던 님
바닷바람처럼 다가와
나를 깨운다

오색찬란한 불빛 아래
개미도 짝을 이루건만

그리움은 가슴 저미고
설레는 마음 파도를 넘는다.

제5부 파도가 쉬어간 작약도

내 사랑아
등불 밝혀 들고
파도가 쉬어간 작약도
명품
길
선물
멈춰버린 시간
날개 달린 노래방
바람개비 가족
배웅
그 여름날 나의 엄마
나누지 않는 존재

내 사랑아

뒤돌아보니
앳된 모습 간 곳 없고

비바람 속
흙을 밟는 새아씨 같은 너

이만하면
아직은 쓸만한데
투정 말고 앞만 보며
따라오려무나

두꺼비 닮은
귀여운 열 개의 발가락
너와 나의 길은
같지 않니

등불 밝혀 들고

오늘 비로소
사랑으로
사랑의 문을 활짝 열고 들어서는
내 사랑아

만남은 이제 시작되었고
만남으로서의 사랑은
둘이기에 더욱 다정하고

쉼 없는 삶의 여정 속에서
서로의 맑은 눈빛 바라보며
미소 나눌 수 있다면
이 세상 아무것도 부럽지 않겠지

함께라는
가슴 벅찬 소중함을 품고
인생의 길을 나란히
걸어가길 바란다

아들, 며느리, 사위, 딸
내 손자 셋 도, 지, 서*
모두 사랑해

*도, 지, 서: 내 손자 이름의 첫 글자를 따온 것임.

파도가 쉬어간 작약도

살며시 바위틈 드나드는 파도
부끄러워서일까
간지러워서일까
가만가만 지켜보니
그냥 웃기만 한다

다닥다닥 붙어 있는
어린 날 추억이
그곳에 살고 있었다

아버지 가게 쉬는 날은
늘 바닷가 갯벌로
고동 잡으러 함께 다녔던
자전거 뒷자리가 마냥 그립다

갯벌 위에 줄 긋고
기어다니는 고동 한가득 주워
커다란 솥 속에 넣어
군불 지펴 삶아
옷핀으로 뽑아 먹던
아련한 추억은
사라지고 없다

돌아오지 않는 그날을
고동처럼 긁어 담으며
생각에 잠겨본다

명품

물질 만능 시대
즐비하게 늘어선 명품들

맞추기 힘든 껍데기뿐인 마음은
거대한 힘 앞에 한 없이 작아진다

고가의 인생은
말을 듣지 않고
백세시대라 한들
그 틀에 맞출 수 있으랴

눈을 뜨면
"오, 오늘도 하루가 밝았구나"

늘 쉬고픈 육신
꼬깃꼬깃 접어 둔
지나온 세월

백 세까지
과연 살 수 있으려나

문득
깊은 생각에 잠긴다

길

막다른 길 앞에 서면
와락 밀려드는
가슴 저미는 슬픔

메마른 들판 위
뛰고 또 뛰는
늙은 노새

힘들고 고달픈 삶을
바라볼 때
차라리
눈을 감고
뜨지 말았으면…

하지만
내가 선택한 길이라면
끝까지
감당해야 하겠지

그 속에서
나를 발견한 오늘

일곱 빛깔 무지개 찾아
오늘도 떠나고 싶어진다

선물

새벽 3시

새로운 내일을 위해
어두운 밤은
충전을 준비하겠지

그대는
홀로 무엇을 하고 있는가

아직 끝나지 않은
어제인데
벌써 오늘이
시작된 것인가

어둠을 뚫고 나온
알 수 없는 빛

꿈도 없는 꿈 꾸며
고민 속에 빠진
뒤척이는 시간

그대의
지금은
오늘을 준비하는지
아직 끝나지 않은 어제를
살고 있는지

어둠 속에서
내가 그대를 찾은 것처럼

그대는
나의 빛이 되어
밝음을
선물해 줄 것인지

멈춰버린 시간

아날로그 정거장엔
세월 더듬는
보물들이 가득하다

배다리 철길 아래
지나간 시간만큼
햇살이 따사롭다

벼룩시장 속
타임머신 탄 분주한 눈동자들
그 동공에 비친
그리움 머금은 노신사는
쭈그리고 앉아있다

날개 달린 노래방

훠이훠이 허수아비 어깨 위
버르장머리 없는
참새들 쫑알쫑알
날개 달린 노래방의 음악소리

갓 지어 입은 새 옷에
똥 뿌리고 좋아라
짹짹짹 짝짝짝!

친구들 불러 모아
수다의 바람은
산 너머 남촌까지
훨훨 잘도 날아간다

바람개비 가족

오랜 세월
광부들의 땀방울은
이제 옛이야기로
세월의 장막 속에 묻혀간다

울퉁불퉁 못생긴 석탄
무쇠가 고와라 고와라
쓰다듬다 뱉어내어
숭숭 구멍 뚫려
매끈한 연탄 되고

세월 흐른 지금
기찻길 옆 판자촌은 사라지고
오색 바람개비 가족
운동장에서
빙글빙글 잘도 돈다

바람은
철길 평행선 위로 뒹굴며
잠시 옛 추억을 더듬다
이내 지나간다

詩作노트/ 옛 수인선 종착지에는 철길과 화물기차 모형이 전시되어 있다.

소중한 하루

붉은 노을은
오늘도
수평선 너머로
숨는다

날 짐승도
보금자리 찾아
하늘에 길 여는 시간

일생에
단 한 번뿐인 우리도
오늘 앞에 무릎 꿇고
자리 편다

무엇을 바라는 것인가
행복함을
선물 받고 싶음이겠지

그 여름날 나의 엄마

언제 다시 만날 수 있으려나

하얀 모시 적삼
옥색 치마 즐겨 입으시고
쪽진머리 은비녀 곱게 꽂으셨던
나의 친정엄마

어김없이 찾아온 여름날
그 모습이 눈앞에
아른거리고

새벽녘
장독대에 정화수 한 대접 떠 놓고
하늘 향해 두 손 모아
가족의 무사안일을
빌고 또 빌던
사대부 집안의 맏며느리

어느덧 세월은
손으로도 잡을 수 없이
구름 되어 흘러갔지만

엄마 계신 그곳에서도
여름이면
옥색 모시 치마에
하얀 모시 적삼 곱게 차려입고
자식들 위해 두 손 모아
기도하겠지

나누지 않는 존재

앙상한 너의 몸을 휘감고
이리저리 얽혀든
끈끈한 정 같은 줄

어디가 시작인지
얽히고설켜
엮어 만든 그물집

먹잇감은 줄마다
주렁주렁 매달고
자랑이라도 하는 건가

이웃과 나눌 줄 모르는
느긋한 거미의 마음

아끼듯 하나둘 잡아먹는
부자가 따로 없구나

제6부 가만히 귀를 열어 본다

비틀거리는 이름들
바닷물보다 짠 간장의 눈물
사다리와 아이들
누렁이 생일날
야윈 마음
돌계단 위에 남자
쓴맛 단맛
가을
오솔길
가만히 귀를 열어본다
가을 끝에서
이 가을이 가면
간월도 사랑
후지산의 유혹
사랑의 주님

비틀거리는 이름들

도시의 골목마다
즐비하게 늘어선 간판 속
이름도 많기도 하다

누가 지었을까 수많은 이름은
무슨 사연이 담겨있는지

사거리 전봇대 위
웃음을 걸어놓은
국회의원 나리

아직은 때가 아닌데
벌써부터 웃고 있다

나는 아직
투표조차 하지 않았는데
웃음이 먼저 걸려 있구나

바닷물보다 짠 간장의 눈물

도낏자루 치켜든 두 팔
근육과 함께 솟구친 갈비뼈

거칠게 몰아쉬는 숨결
도끼날은 날아가고
빈 자루만 허공을 가른다

졸고 있던 간장 항아리
볼때기 맞고 大 자로 쓰러져
햇볕에 그을린
검은 속 드러낸다

저녁 밥상 한복판
퍼렇게 멍든 간장
접시 위에 걸터앉아
말없이 노려본다

머릿속은 온통
도끼 웃음소리로 가득 차고

잘 익은 장작 냄새
방바닥에 스며들어
조용히 눈꺼풀만 잠재운다

사다리와 아이들

또 다른 아침은
또 다른 점심을 초대하고
또 다른 저녁은
그 점심을 밀어낸다

또 다른 어제는
오늘에게 자릴 내어주고
또 다른 내일은
안달복달 재촉하지만

중천에 걸린 해는
그저 길기만 하다

고층 사다리
19층에 걸터앉은 몸짓
가재도구를 향해 손짓한다
"추워 어서 올라와!"

추위도 잊었을까
놀이터의 작은 거인들
꽁꽁 언 그네 줄에 매달린
두 발은
하늘에 닿을 듯 말 듯

웃음 섞인 비명
단지 안을 맴돌다
그네 위 엉덩이 붙이고
또 외친다
"추워 춥다고!"

누렁이 생일날

잔치가 열렸다
하얗게 솔잎마다
포근한 정이 하나둘 달리고

항아리 뚜껑 위
백설기 모락모락
군침 돈다

참새는 삼발이 꽃길을 열어
손님맞이 분주하다

아이들 두 볼엔
빨간 홍옥이 열리고
꽁꽁 뭉친 작은 손안엔
백설기 한 덩이
팔매질 바쁘다

목줄 풀린 누렁이
치켜든 다리 사이로
흰 가루 위에
노란 반죽 한창이다

하얀 세상은
누렁이와 개구쟁이들의
놀이터

주름진 콧등과
주둥이 사이로
백설기 들여보내기 바쁜 누렁이

오늘은 누렁이 생일날
초대받은 온 세상
시끌벅적하다

야윈 마음

보름달처럼 풍성하던 마음
초승달 되어 야위어 간다

보름에 한 번
세상을 안아보지만
텅 빈 내 마음
그 안에 아무것도
채워지지 않는다

달아
넌 내가 바보로 보이겠지

보름달도 야윈 달도
멍청하다고 비웃는
초승달도 모두 싫다

하늘로 솟을까 땅으로 꺼질까

지붕 난간 끝
비둘기 두 마리

둥근 달도 야윈 달도
각진 모난 별도
뜨거운 태양도
좋다고 구구 구 구
무엇이 그리 좋아
그토록 소란스러운지

오늘 밤
나뭇가지 위에
살그머니 걸터앉아

내 마음 데리고
달에게도 별에게도
여행 가자고 해야겠다

돌계단 위에 남자

가지런히 벗어 놓은 신발
발가락 모두 잘린 채
뭉툭한 발이
발가벗고 있었다

목구멍이 포도청인지
불구의 몸은
지나는 이의 지갑을
조금씩 열게 만든다

영하의 매서운 바람
익숙지 않은 구걸하는 모습
귀공자 같은 입술은
파랗게 질려
그저 고개만 끄덕일 뿐

"조금 드려 미안합니다."
지갑 속 총재산은 지폐 한 장

내 손이
부끄러움을 탄다

몇 해가 지나고
잘생긴 귀공자의 소식이
궁금해지는 오늘이다

쓴맛 단맛

세상은 요지경
알록달록
따스히 데운 잔을
들어 본다

후후 불어 한 모금
깊은 생각 향에 취해
또 한 모금

스쳐 간 친구 그리워
다시 한 모금

왼손엔 잔을 들고
오른손 마주한
동그란 잔 속엔

쓸쓸한
내 얼굴이
들어 있다

가을

오랜만에
하얀 몽실 구름
하늘 아래 내려앉고

우물가 수다가
시끄러워
봄이 짧았던 걸까

후덥지근한 긴 여름
떠나는 봄을 업고 와
그 세월만큼이나
무언가 채우려 했던 욕심

늘어진 여름 끝에
가을이
소리 없이 밀려나려 할 즈음

달빛을 벗 삼은
풀벌레의 또르르기 울음소리
지난봄이 그리워서일까

오솔길

깊어 가는 가을 앞에
조용히 무릎 꿇고
친구되어 떠나고픈
마음 하나

차곡차곡 쌓인 나날들
풀어놓고 싶은데...

어디로 갈까
어디로 갈까

바스러지는 발아래
붉게 물든 오솔길

왠지 이 가을
남이섬 자작나무 숲길이
걷고 싶어진다

가만히 귀를 열어본다

스멀스멀
담장 넘은
수다쟁이 바람

토닥토닥 잠자리 재우고
귀뚜라미 장단에 맞춰
춤추는 코스모스

살구꽃 피우던 봄바람

이젠 아프도록 시린

가을바람 품속으로

살며시 스며든다

가을 끝에서

끈적이던 여름은
성큼 물러가고
차가운 냉기
살결에 스칠 때면

두툼한 옷깃 여미며
겨울을 재촉하는
내 마음은 아직도
가을 속을 걷고 있다

떨어지는 낙엽 소리
바람에 흩날리는 잎새
바스러지는 소리 속에
어지러운 생각들이 머문다

이 가을의 끝자락에서
나는 무엇을 담고
무엇을 내놓아야 할까

수북이 쌓인 낙엽 사이로
지나온 날들이 사라지는 것인지
또 다른 삶이 피어나는 것인지

앙상한 가지를
가만히 어루만지며
다시 태어날
새로운 나를 기다린다

이 가을이 가면

한 해의 반이 지나가고
두 달 후면
또 하나의 줄이
하늘 위에 그어집니다

빼곡히 흐르던 구름 띠
산 중턱에 걸터앉아
쉼을 누릴 즈음

그 속에 떠 있는
작은 구름 하나
그 구름은
바로 나였습니다

은물결 갈바람에
친구들 하나둘 떠나고
산봉우리에 걸린
인생의 목걸이도
하나씩 빠져갑니다

갈바람 따라
떠나는 세월
붙잡아 두고 싶지만
더욱 빠르게 흘러갑니다

간월도 사랑

밀려온 파도가 부서지는
섬마을
한적한 간월도를
조용히 깨운다

조약돌 구르는 소리마저
어린 천사들의 웃음처럼
들리고

갯벌 위
송골송골 뚫린 작은 구멍들
누구의 집일까

해 질 녘
등짐 진 소라게 두 마리
갯벌 위에
하룻길을 연다

바위에 걸터앉아
먼바다 바라보는
날개 접은 갈매기
누구를 기다리는 것일까

수평선 너머로
붉게 물든 해가
서서히 끌려 들어간다

갈매기 날개 위로
새 희망을 실은
동쪽 하늘엔
붉은 해가 솟아오르고
사랑의 노래
수평선 너머까지 울려 퍼진다

詩作노트/ 여행길에서 간월도 표지판을 지나치면서 잠깐 멈춘 생각이 하루의 시가 되었다.

후지산의 유혹

후지산 사이코(西湖) 초원
자욱한 안개 속 해발 1,000m 되는
아사기리고원(朝霧高原)의 아침
게이샤(藝者)의 기모노 속에 감춰 둔
꺾일 듯 말 듯 가녀린 허리처럼
소슬바람에 춤추는 갈대

구름 속에 숨어든 후지산 정수리
빼꼼히 내민 봉우리
도도한 천 개의 얼굴이 여기 있다

심술꾸러기 구름 사슬은
내 발목을 초원에 묶어놓고
숨차게 건너온 바람은
쓰고 있는 모자를 연처럼 공중에 날려
머리카락이 흐느낀다

바다처럼 넓은 산 중턱 가와 구찌호(河口湖)
비릿한 바다 냄새 풍기고
어부의 구성진 가락에 취한
성미 급한 물고기들 그물로 뛰어들어 팔려간다

빼어난 절경에 푹 빠진 관광객
유람선 호객행위 시선 몰이 바쁘다

폭죽 터지는 밤하늘
휘황찬란하게 고후(甲府) 시가지를 수놓고

언 몸 녹여주는 미따마 노천탕에 앉아 마주한
야츠카다케((八ヶ岳) 여덟 개의 봉우리
아름다운 미소는 끝없이 펼쳐지고
산에서 산으로 이어진 야마나시현(山梨県)이
나를 반긴다

산골짜기 맑은 공기
폐속 깊숙이 들이마실 때
하늘엔 나만을 위한
별들의 축제가 열렸다

사랑의 주님

침묵으로 바라보시며
사랑의 노래와 말씀으로
응답하시는 주님

고통과 괴로움
미움과 분노
주님의 뜻인가요

흐르는 눈물을
지친 영혼의 소리로
불쌍히 여기시고
작은 빛 하나 비춰 주소서

주님께
저의 소망을 간절히 청하오니
너그러이 받아 주소서
아멘!

가을의 끝자락에 서서 문득 돌아보니,
마음 깊은 서랍 속에 숨어
조용히 기다리던 순간들이 있었습니다.

잊지 않으려, 놓치지 않으려
조심스레 적어 두었던 그 순간들

이제 그 글들을 하나하나 꺼내어,
오래도록 품고 지켜온 사랑의 자취를
떨리는 손끝으로 한 권의 책을 엮어
고백하듯 써 내려갔습니다.

늘 곁에서 묵묵히 응원해 준
사랑하는 가족과 지인들,
그들의 온기 덕분에 글쓰기를 멈추지
않을 수 있었고, 그 힘으로 '25,550일'은
저의 네 번째 시집이 세상에 태어났습니다.

25,550일은 단순한 시의 모음이 아닙니다.
삶의 결과와 사랑의 결과를
한 장 한 장 넘기듯 담아낸
저의 70년의 이야기가 여기에 있습니다.

이 책의 마지막 장을 덮으실 때,
독자님의 마음에도
삶에 대한 따뜻한 사랑 한 조각이
조용히 스며들기를 바라며,
끝맺음이 아닌, 또 다른 시작으로서 다시 만나 뵙기를 소망합니다.

그 동안 저는 긴 시간,
글과 함께 나 자신을 마주했습니다.
때로는 혼자 속삭이며 길을 걸었고,
때로는 작은 기쁨에 웃음을 지으며
하루를 조용히 채웠습니다

이 시집 속 시들은
그 모든 순간의 흔적이며,
보이지 않는 마음에 풍경이기도 합니다

두루두루 감사드립니다.

2025년 가을의 끝자락에 서서
시인 禮潭 박정란

25,550일

초 판 인 쇄　2025년 09월 18일
초 판 발 행　2025년 09월 19일

지 은 이　박정란
발 행 처　다담출판기획 TEL : 02)701-0680
　　　　　　서울시 영등포구 영신로30길 14, 2층
편 집 인　박종규
등 록 일　2021년 9월 17일
등 록 번 호　제2021-000156호
I S B N　979-11-93838-56-3　　03800
가　　격　15,000원

본 책은 지은이의 지적재산이므로 무단전재와 복제를 금합니다.

*본 시집은 한국예술인복지재단의 창작지원금을 받아 출판하였습니다. 감사드립니다. 시인 박정란.